合唱で歌いたい！ J-POPコーラスピース

混声3部合唱

オレンジ

作詞・作曲：市川喜康　　合唱編曲：浅野由莉

••• 曲目解説 •••

　2000年にリリースされたSMAPの32枚目のシングル「らいおんハート」のB面に収録された楽曲。不器用な男女の切ない別れが描かれた恋愛の歌ですが、胸にグッと響く「さよなら」「ありがとう」という言葉から、大切な人との別れを重ね合わせて卒業シーズンなどで歌われることもしばしば。カップリングながらも多くの人々に愛される、隠れた名ミディアムバラードです。

オレンジ

作詞・作曲：市川喜康　合唱編曲：浅野由莉

© 2000 by JOHNNY COMPANY

オレンジ

作詞：市川喜康

小さな肩に背負込んだ僕らの未来は
ちょうど今日の夕日のように揺れてたのかなぁ。

イタズラな天気雨がバスを追い越して
オレンジの粒が街に輝いている

遠回りをした自転車の帰り道
背中にあたたかな鼓動を感じてた

「さよなら。」と言えば君の傷も少しは癒えるだろう？
「あいたいよ…。」と泣いた声が今も胸に響いている

不器用すぎる二人も季節を越えれば
まだ見ぬ幸せな日に巡り逢うかなぁ。

なんとなく距離を保てずにはにかんでは
歯がゆい旅路の途中で寝転んだね

「さよなら。」と言えば君の傷も少しは癒えるだろう？
「あいたいよ…。」と泣いた声が今も胸に響いている

人波の中でいつの日か偶然に
出会えることがあるのならその日まで…

「さよなら。」僕を今日まで支え続けてくれたひと

「さよなら。」今でも誰よりたいせつだと想えるひと

そして
何より二人がここで共に過ごしたこの日々を
となりに居てくれたことを僕は忘れはしないだろう

「さよなら。」
消えないように…
ずっと色褪(あ)せぬように…
「ありがとう。」

エレヴァートミュージックエンターテイメントはウィンズスコアが
展開する「合唱楽譜・器楽系楽譜」を中心とした専門レーベルです。

ご注文について

エレヴァートミュージックエンターテイメントの商品は全国の楽器店、ならびに書店にてお求めになれますが、店頭でのご購入が困難な場合、当社WEBサイト・電話からのご注文で、直接ご購入が可能です。

◎当社WEBサイトでのご注文方法

elevato-music.com

上記のURLヘアクセスし、オンラインショップにてご注文ください。

◎お電話でのご注文方法

TEL.0120-713-771

営業時間内に電話いただければ、電話にてご注文を承ります。

※この出版物の全部または一部を権利者に無断で複製（コピー）することは、著作権の侵害にあたり、
　著作権法により罰せられます。

※造本には十分注意しておりますが、万一、落丁・乱丁などの不良品がありましたらお取り替えいたします。
　また、ご意見・ご感想もホームページより受け付けておりますので、お気軽にお問い合わせください。